**Claudine Villemot-Kienzle**
**Darshana Dries**

# Lern- und Erfahrungsräume mit Spiral Dynamics gestalten

Claudine Villemot-Kienzle
Darshana Dries

# Lern- und Erfahrungsräume mit Spiral Dynamics gestalten

Ein praktischer Leitfaden für
pädagogischeLehrkräfte, Eltern, Lernende,
Bildungsinnovatoren

Trainerverlag

**Imprint**

Any brand names and product names mentioned in this book are subject to trademark, brand or patent protection and are trademarks or registered trademarks of their respective holders. The use of brand names, product names, common names, trade names, product descriptions etc. even without a particular marking in this work is in no way to be construed to mean that such names may be regarded as unrestricted in respect of trademark and brand protection legislation and could thus be used by anyone.

Cover image: www.ingimage.com

Publisher:
Der Trainerverlag
is a trademark of
Dodo Books Indian Ocean Ltd. and OmniScriptum S.R.L publishing group

120 High Road, East Finchley, London, N2 9ED, United Kingdom
Str. Armeneasca 28/1, office 1, Chisinau MD-2012, Republic of Moldova, Europe
Managing Directors: Ieva Konstantinova, Victoria Ursu
info@omniscriptum.com

Printed at: see last page
**ISBN: 978-620-2-49438-0**

# INHALTSVERZEICHNIS

# STIMMEN ZU SPIRAL DYNAMICS INTEGRAL (SDI) IM PÄDAGOGISCHEN KONTEXT

*Mit dem Modell Spiral Dynamics integral habe ich eine Kommunikationsebene zu meinem 13-jährigen Sohn gefunden. Der wollte alles verstehen und er hat mich am Wochenende immer wieder auf das Thema angesprochen. Es war an einer Stelle sehr emotional für uns beide, da er mich in den Arm nahm und sich dafür bedankte, dass ich ihn an diesem Wissen teilhaben lasse. Er meinte, dass er endlich für einige Dinge in seinem jungen Leben Erklärungen habe, die er bisher nicht verstanden hatte, die er sich selbst und von anderen nicht erklären konnte. Er nahm mich innig in die Arme und weinte vor Glück und Dankbarkeit. Ich tat es ihm gleich.*
M.B. - Geschäftsführer in einem technischen Unternehmen

*Meine Schüler in der Oberstufe reagieren sehr positiv auf Spiral Dynamics integral. Die schönste Rückmeldung war: "Warum erfährt man erst jetzt davon?"*
Sven K. - Lehrer

*Mir gefällt, dass SDi als ein Konzept der Perspektivenvielfalt angeboten wird und ein hohes integratives Potential entfalten kann für alle bisherigen Lernkonzepte.*
Christine Gerike - Ehemalige Geschäftsführerin von einer internationalen Schule sowie einer inklusiven Montessori Schule.

*Seit vielen Jahren wende ich SDi als Grundlage meiner Interaktionen mit Kindern und Jugendlichen an. Ich vermittle Ihnen die Entwicklungsebenen der Spirale in Form von Erzählungen. Sie zeigen großes Interesse und die Geschichten erzeugen bei ihnen nachhaltige Resonanz. Aufgrund der sichtbaren Freude und Offenheit im Umgang mit den Entwicklungsebenen bin ich überzeugt, dass sie dieses Wissen längst in sich tragen! Sie zeigen einen ganz natürlichen Zugang zum Veränderungs- und Entwicklungsprozess, den SDi beschreibt. Sie erkennen sehr schnell im Umgang mit sich selbst und ihren Freunden die Werteebenen und verbinden sich leicht damit. Aus pädagogischer Sicht macht es Sinn, spielerisch, kreativ und experimentell, Kindern und Jugendlichen SDi im Schul- und Freizeitbereich altersgerecht näher zu bringen.*
Darshana Hedy Dries - Erzieherin

# EINLEITUNG

Wie wäre es, wenn wir eine Bildung anstreben würden, die sich kontinuierlich dem Fortschreiten unserer menschlichen Entwicklung anpasst? Eine Bildung, die sich als Katalysator versteht, um den Anforderungen einer immer komplexer werdenden Welt sinnvoll zu entsprechen? Könnte Bildung in einem kühnen Szenario sogar eine Vorreiterrolle spielen, und aus den sich abzeichnenden Zukunftsentwicklungen passende Lernumfelder erforschen und sie frühzeitig gestalten?

Diese Fragen führen uns zu der Überlegung, welche Qualitäten wir im Denken, Fühlen und Handeln brauchen werden, und über welche Kompetenzen Menschen verfügen sollten, damit sie mit der steigenden Komplexität unserer Welt wirkungs- und verantwortungsvoll umgehen können. Die UNESCO legt in ihrem Weltaktionsprogramm „Bildung für nachhaltige Entwicklung" folgendes fest:

„Um den großen ökologischen, ökonomischen und sozialen Herausforderungen unserer Zeit zu begegnen, müssen wir alle unsere Art zu denken und zu handeln ändern. …brauchen wir nicht nur Wissen, sondern auch Fähigkeiten und Werte, auf deren Grundlage verantwortliche Verhaltensweisen möglich sind."[1]

Weiter spezifizieren Wiek, Withycombe und Redman: „Die Förderung von Kompetenzen für nachhaltige Entwicklung bei Schülerinnen und Schülern unterstützt das Verständnis komplexer Zusammenhänge (Systemkompetenz), stärkt die Fähigkeiten des Austausches untereinander (interpersonelle Kompetenz), unterstützt vorausschauende Planungsfähigkeit (strategische Kompetenz), fördert kreatives Denken und Gestalten (antizipative Kompetenz) sowie Wissen zu nachhaltiger Entwicklung und deren Herausforderungen (normative Kompetenz)".[2]

Jede Epoche hat ein einzigartiges Verständnis darüber entwickelt, was Kinder und Jugendliche in ihrer Entwicklung brauchen. Dies reflektierte die Weltanschauung und die Denkweise der jeweiligen herrschenden Zeitkultur. Prioritäten in der Pädagogik haben sich entsprechend der verschiedenen kulturellen Strömungen von autoritärer, zu anti-autoritärer, Autonomie fördernder, demokratischer Pädagogik gewandelt. Nun werden viele dieser Ansätze und Modelle im Studium der Pädagogik gelehrt, einige werden in staatlichen und privaten Schulen und pädagogischen Einrichtungen angewandt. Aufgrund der Vielfalt dieser Ansätze scheint die Frage berechtigt, die sich auch viele Eltern stellen: „Welcher Ansatz ist nun der richtige?"

---

[1] http:..www.bne-portal.de.weltaktionsprogramm

[2] http:..sustain.indiana.edu.education-research.docs.key-competencies-in-sustainability.pdf

# UNSERE INTENTION

## ORIENTIERUNG GEBEN

Mit diesem co-kreativen Buch wollen wir nicht noch ein zusätzliches pädagogisches Konzept anbieten. Genau so wenig wollen wir unseren Ansatz als „den Richtigen" darstellen. Vielmehr ist unsere Absicht, die schon existierenden Ansätze in eine allumfassende Perspektive wertschätzend zu integrieren, und ihre jeweiligen Potenziale differenziert zu betrachten. So dient dieses Buch als Orientierungshilfe und ermöglicht, aus der Vielfalt der Ansätze präzise, situationsbedingte pädagogische Handlungen bewusst zu wählen. Damit überwinden wir die mögliche Polarisierung zwischen den Befürwortern und Gegnern der verschiedenen Lehrsysteme, indem wir die Sinnhaftigkeit und Wirksamkeit der Ansätze durch die Frage prüfen: Wer (welcher Schüler/welche Schülerin) braucht was - von wem - warum  - in welcher Situation?

## INSPIRIEREN

Mit den Tierillustrationen möchten wir einen intuitiven und emotionalen Zugang zur Geschichte unserer menschlichen Entwicklung eröffnen. Sie dienen durch ihre metaphorische, universelle Sprache als Brücke und  als Kommunikationsmedium, um den Dialog und Austausch zwischen pädagogischen Fachkräften, Erziehungsberechtigten und Kindern bzw. Jugendlichen zu fördern. So können auch Kleinkinder durch die Tierbilder einen Zugang zu unserer Entwicklungsgeschichte finden. Ein dreizehnjähriges Mädchen malte die Bilder, nachdem sie SDi kennen lernte. Ihrer Inspiration folgend und mit einem erstaunlichen Gespür, wählte sie intuitiv Tiere aus, die eine bestimmte Entwicklungsebene sehr stimmig vertreten.

## BEGEISTERN

Die klare und kreative Verbindung von Theorie und Praxis soll begeistern und einen Weg aufzeigen, wie die Entwicklungspotenziale der Werteebenen im Alltag verstanden und gelebt werden können. Die Darstellung der pädagogischen Erkenntnisse aus dem SDi Modell zeigt übersichtlich, welche Gestaltungsmöglichkeiten in der Theorie liegen. Die praktischen Impulse laden das Lernumfeld zur Aktion und kreativen Umsetzung ein.

ZUR CO – KREATIVEN GESTALTUNG ERMUTIGEN

Unser Ziel ist es, einen Bewusstheits-Raum für eine lernende Organisation zu eröffnen, in welchem  alle Beteiligten differenzierte, wertschätzende Lern- und Erfahrungsfelder miteinander gestalten.

## ANLEITUNG ZUR NUTZUNG DES BUCHES

Das Co – kreative Buch besteht aus drei Teilen.

DER THEORETISCHE RAHMEN

Ziel ist es, sich mit dem Konzept einer funktionalen, integralen Pädagogik vertraut zu machen, die der Unterschiedlichkeit der Lernbedürfnisse Rechnung trägt, sie flexibel, adäquat adressiert und wirkungsvoll im Lernumfeld integriert. Dafür ist es hilfreich, sich zuerst mit den wichtigen Prinzipien des Modells „Spiral Dynamics integral " (SDi) vertraut zu machen und zu erfahren, was die verschiedenen Wertesysteme im Allgemeinen charakterisiert. Die Leserinnen und Leser, die mehr über das wissenschaftliche Fundament der Theorie erfahren wollen, verweisen wir auf die Literaturhinweise im Anhang. SDi ist ein erprobtes komplexes Modell, das in den zitierten Werken und weiterführenden Links umfangreich in Theorie und Praxis dargestellt wird.

DIE ANWENDUNG

|Implikationen der Theorie für das pädagogische Wirken

Wir nutzen die theoretischen Erkenntnisse, um das Feld der Pädagogik mit Hilfe der SDi Perspektive näher zu betrachten. Wie sehen die Prioritäten der Wertesysteme in Bezug auf Denken, Lernsystem, Lernmotivation und Lehrsystem aus? Wo werden die bisherigen pädagogischen Ansätze und Theorien zugeordnet? Was bedeuten die unterschiedlichen Werteebenen für das Selbstverständnis der pädagogischen Fachkraft hinsichtlich ihrer Rolle?

|Anregungen zur praktischen Gestaltung der werteorientierten Lernumfelder

Hier sind Impulsfragen aufgeführt, Übungs- und Raumgestaltungsvorschläge, Musik- und Ernährungsbeispiele, die das Nähren und Entfalten der Potenziale auf den jeweiligen Ebenen fördern.

DIE INTERAKTIVE MITGESTALTUNG

Kinder, Jugendliche, Erziehungsbeteiligte werden zum kreativen Mitentwickeln und Gestalten eingeladen. Eigene Ideen zu den jeweiligen Wertesystemen werden im Rahmen des Unterrichts oder in Hortangeboten in Form von Spielen, bildnerisch-darstellerischer Kunst, Musikkomposition, Gedichten, Fantasiereisen, Kochrezepten … entwickelt. Über das Buch hinaus können all diese Ideen auf Blogs der jeweiligen Schulen gestellt und weitergetragen werden. Eine Sammlung verschiedener kreativer Impulse entsteht in Co-Kreation, die allen Blog-Nutzern im Open Source Prinzip zur Verfügung steht. Über diesen Weg kann ein lebendiger Dialog und Austausch über die lernenden Organisationen entstehen, und Schulen können sich untereinander vernetzen und ihre Kreativität teilen

# THEORETISCHER RAHMEN

## WICHTIGE PRINZIPIEN DES INTEGRALEN MODELLS SPIRAL DYNAMICS

Spiral Dynamics wurde von dem amerikanischen Psychologen Clare W. Graves in den 50er Jahren entwickelt. Als Entwicklungspsychologe erforschte er, warum Menschen unterschiedlich sind, warum manche sich verändern, andere nicht, und wie wir sinn- und wirkungsvoller mit all den Unterschiedlichkeiten umgehen können.

Spiral Dynamics integral (SDi) beschreibt, wie Menschen unterschiedliche Existenzebenen durchlaufen, die sich im Laufe der menschlichen Geschichte als die bestmögliche Antwort auf die jeweils herrschenden äußeren Lebensbedingungen entwickelt haben.

Da diese immer komplexer werden und jeweils neue Herausforderungen stellen, passt sich der Mensch im Sinne der Evolution an und entwickelt sich zu immer komplexeren Bewusstseinsstufen. Bis heute wurden acht Ebenen beschrieben (siehe Abbildung 1).

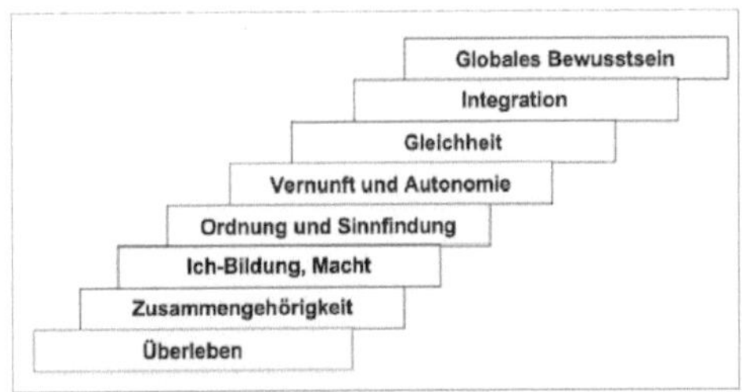


*Abbildung 1 Existenzebenen - vMemes*

Diese Existenzebenen werden durch sogenannte *vMemes* charakterisiert, die komplexe Wertesysteme abbilden. Wertesysteme spiegeln die Vorlieben der unterschiedlichen Weltanschauungen, Glaubenssätze und Denkweisen von Menschen und Organisationen wider. Sie unterscheiden sich von Person zu Person und werden insbesondere durch die Wahrnehmung der Lebensbedingungen bestimmt.

Wie wir die Welt wahrnehmen und wie wir denken, beeinflusst unsere Prioritäten und Motivationen im Leben und bestimmt unsere Verhaltensweisen und Handlungen. Während also Verhalten ein nach außen sichtbarer Ausdruck des Menschen ist, sind Wertesysteme unsichtbare treibende Kräfte hinter diesem Verhalten (siehe Abbildung 2).

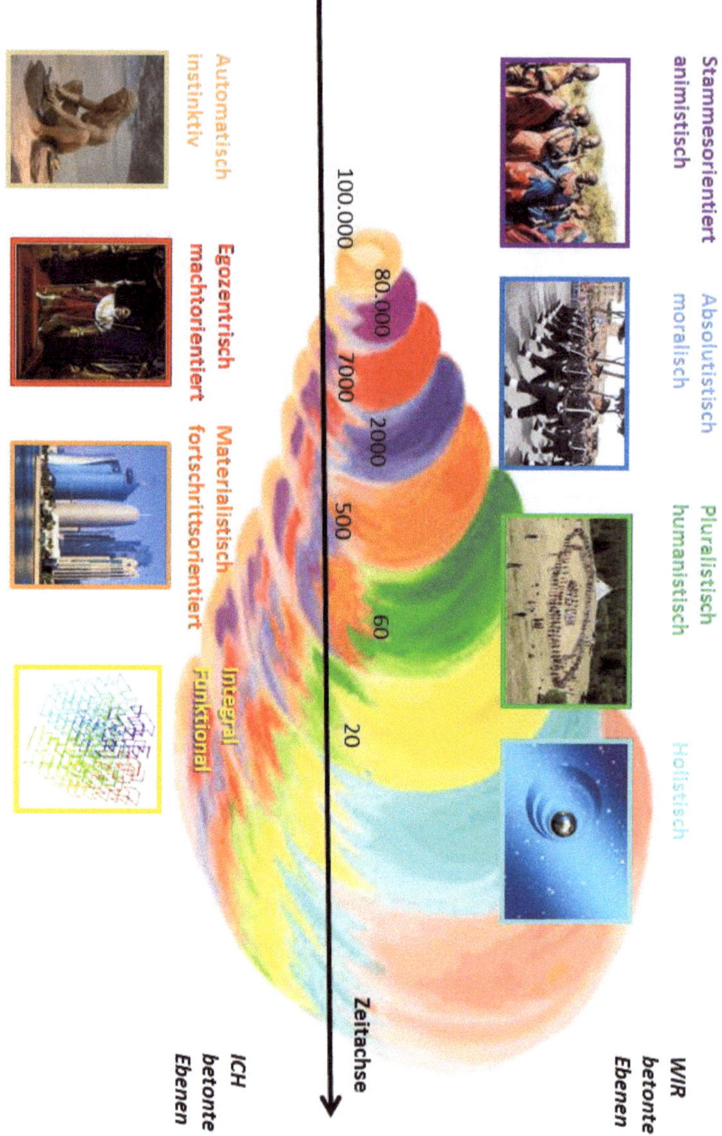


Abbildung 2 Die menschliche Entwicklung in der Geschichte

Die menschliche Natur ist ein offener, sich ständig entfaltender Prozess, der sich durch Quantensprünge von einer Ebene in die nächste vollzieht. Im Laufe der Entstehung und Entwicklung der Wertesysteme schließt jedes System das vorige ein, sodass uns alle früher entfalteten Systeme als Potenzial zur Verfügung stehen. Unsere Denk- und Handlungsoptionen erweitern sich immer mehr (siehe Abbildung 3).

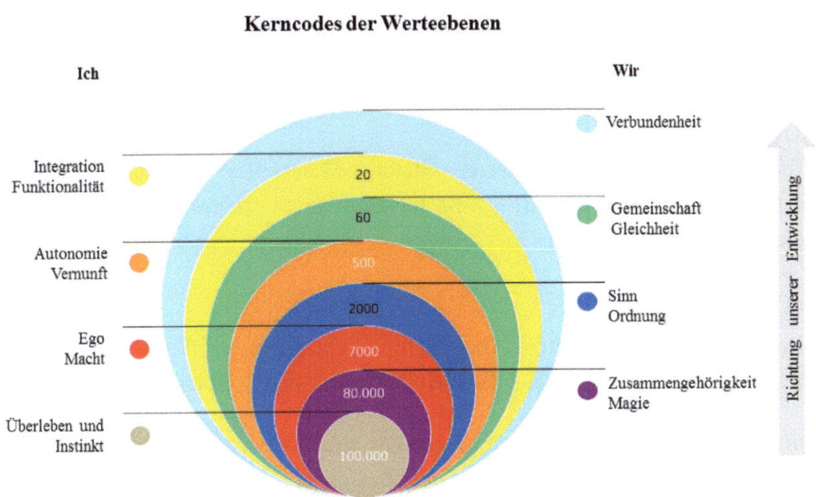


*Abbildung 3 Kerncodes der Werteebenen*

## Übersicht der einzelnen Werte

### 1. Level

BEIGE
Grundbedürfnisse befriedigen - Sinne nutzen - Überleben sichern - Instinkten folgen

PURPUR
Tradition - Feiern - Familie - Loyalität zu der Sippe - Harmonie mit Natur und Geistern - Zusammengehörigkeit - Geborgenheit - Vertrauen - Rituale - Magie - Solidarität

ROT

Respekt - Kreativität - Moral und Schuldgefühle nicht vorhanden - Sich zeigen, sich behaupten - Freiraum - Heldentum - Persönliche Macht - Abenteuer - Spaß - Eigenes Revier - Impulsivität - Egozentrisch

BLAU

Sicherheit - Gerechtigkeit - Pflichterfüllung - Ordnung - Perfektionismus - Sorgfalt - Konformismus - Stabilität - Verantwortungsbewusstsein - Sinn - Verlässlichkeit - Moral

ORANGE

Erfolg - Flexibilität - Wettbewerb - Status - Materielles Wachstum - Innovation - Leistung - Risikobereitschaft - Selbstbestimmung - Teamfähigkeit - Autonomie - Zielorientierung

GRÜN

Mitgefühl - Gemeinschaft - Gleichheit - Vertrauen - Ökologische und soziale Verantwortung - Harmonie - Bedürfnisorientierung - Konsens - Mitwirkung

Den ersten sechs Existenzebenen ist gemeinsam, dass sie auf unterschiedliche Art den Überlebensmodus bedienen und miteinander konkurrieren. Jede hält ihre Perspektive für die bessere und einzig richtige.

## 2. Level

GELB

Multidimensionalität - Funktionalität - Persönliche Freiheit ohne Egozentrik - Würdigung aller Wertesysteme - Schafft Synergien aus den Unterschiedlichkeiten - Flexibilität - Integration - Systemischer Fluss - Erfreut sich an der Komplexität

TÜRKIS
Holismus

Der Übergang von den vMemes des ersten Levels zu den vMemes des zweiten Levels gilt als Quantensprung in unserer Evolution. Hier betreten wir die Lebensform des „Seins". Wir identifizieren uns nicht länger mit einem oder einigen spezifischen Wertesystemen, die mit anderen in Konflikt stehen. Stattdessen sind wir fähig, alle Wertesysteme für ihre einzigartigen Beiträge zu unserer menschlichen Evolution zu würdigen. Wir aktivieren die Potenziale aller Systeme und bringen sie in Synergie.

## DIE WERTEEBENEN ALS POTENTIALE IN UNS

Die vMemes koexistieren in jedem Mensch als „zwiebelähnliche Profile", dennoch haben wir meist einen Schwerpunkt in einem der Wertesysteme. Im Alltag wechseln

wir zwischen unterschiedlichen Wertesystemen hin und her, je nachdem mit welchem Lebensbereich wir uns beschäftigen (z.B. Familie, Religion, Arbeit, Sport, Politik). vMemes Profile können aus einer unendlichen Anzahl von Kombinationen und Mustern bestehen, was die Einzigartigkeit jedes Menschen unterstreicht.

Kein vMeme (Wertesystem) ist besser, intelligenter, schlechter. Jedes bringt mit seiner Entstehung wertvolle, neue Potenziale im Denken, Fühlen und Handeln hervor und verdient unsere Anerkennung. Dennoch kann der Ausdruck dieser Wertesysteme gesunde oder ungesunde bzw. dysfunktionale Formen annehmen. Dies geschieht dann, wenn in der persönlichen Entwicklung z.B. eine Ebene verletzt wurde, bzw. nicht genug Beachtung und Unterstützung erfahren hat. Menschen entwickeln Symptome in ihrem Verhalten, die uns darauf aufmerksam machen, welche Bedürfnisse in welchen vMemes nicht berücksichtigt wurden. Mangelndes Selbstvertrauen weist zum Beispiel auf ein mögliches Defizit auf der roten Ebene hin, hoher Perfektionsanspruch auf einer Überbetonung der blauen Ebene, einseitige Leistungsorientierung spricht für eine Unausgeglichenheit der orangenen Ebene, Bindungsängste könnten auf Verletzungen auf der purpurnen Ebene hindeuten.

Das Identifizieren eines Ungleichgewichts bzw. einer Verletzung auf den jeweiligen Spiralebenen ermöglicht es uns, dem entsprechenden vMeme Aufmerksamkeit zu schenken und mit professioneller Unterstützung einen Heilungsprozess einzuleiten. Ziel ist es, alle Ebenen der Spirale gesund zu halten und jede einzelne in ihrem einzigartigen Potenzial zu fördern.

# DIE WERTEEBENEN IM EINZELNEN

# BEIGE

Überleben

Instinkte

Lebt in der Gegenwart

Sinne

Symbiose

Physiologische Grundbedürfnisse

Wenig Bewusstsein eines getrennten Selbst

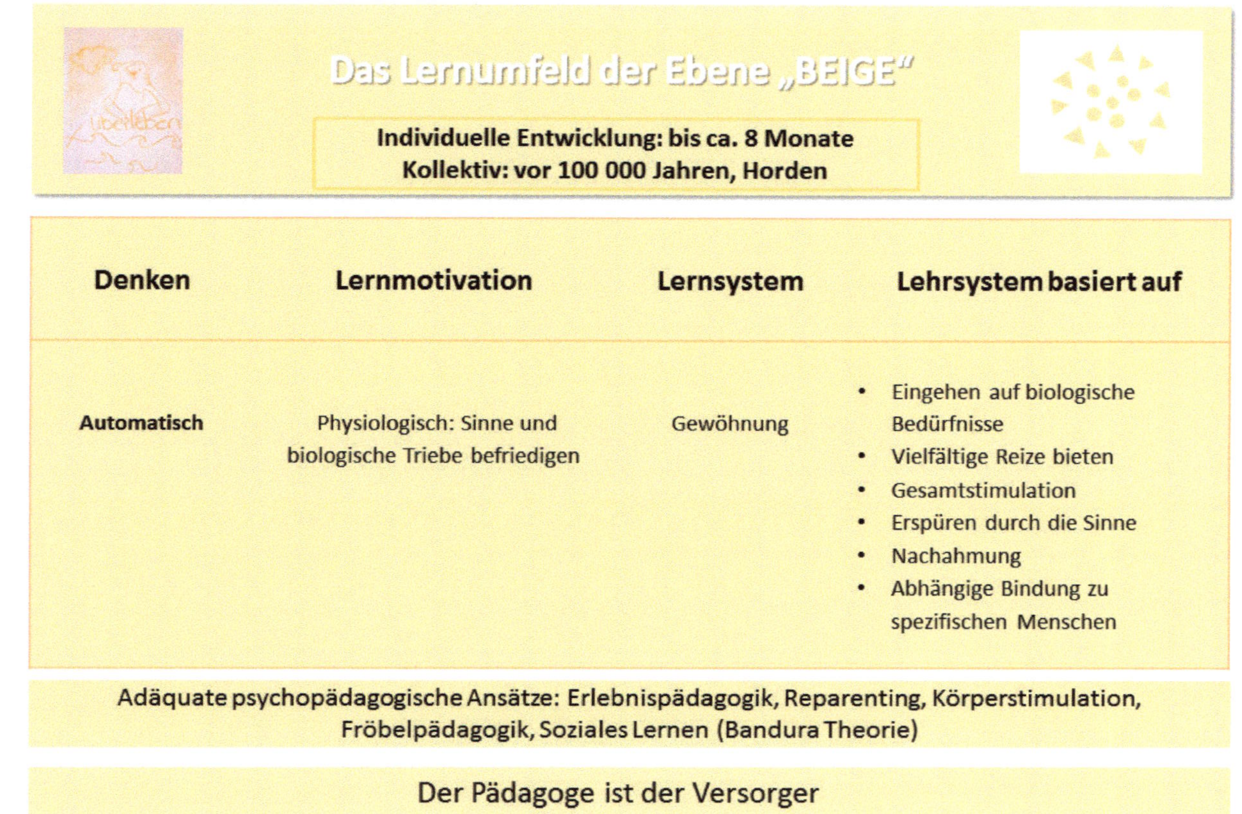


*Abbildung 4 Das Lernumfeld der Ebene "Beige"*

13

|**Förderung der Ebene „Beige"**

## Impulsfragen

Mit den Impulsfragen könnt ihr überprüfen, wie gut diese Ebene bei den Kindern/Jugendlichen genährt ist, und ob sie einen gesunden, gut ausbalancierten Ausdruck findet.

*Wie oft isst du am Tag und was? Wie oft trinkst du am Tag und was? Isst du zusätzlich zu den Mahlzeiten (z.B. Süßigkeiten...)? Was isst du, trinkst du am liebsten? Magst du lieber Kälte oder Wärme? Ist dir oft zu kalt oder zu warm? Was fällt dir leichter: Musik hören, Filme schauen, malen, basteln, bauen? Was riechst du gerne, was nicht? Bewegst du dich gerne (Raufen, Tanzen, Klettern...)? Bist du gerne in der Natur? Und was machst du dann am liebsten?*

## Übungen/Spiele/Aktionen

Diese Auswahl an Übungen und Spielen dient der Förderung des Potenzials in Beige und adressiert die Bedürfnisse auf dieser Ebene.

*Sinnesspiele (mit geschlossenen Augen Gegenstände erfühlen und erraten, unterschiedliche Aromen und Lebensmittel durch Riechen und Schmecken erraten, Klänge hören und zuordnen, „Topf schlagen"). Naturpfad. Mit Fingerfarben malen (z.B. dein Zuhause, deine Umgebung). Naturspiele. Den Körper spüren, Reise durch den Körper.*

## Struktur in der Organisation zur Verankerung von Beige

*Kuschelecke, Sinnespfad.*

## Musik

*Naturgeräusche, instinktive Klänge (ohne Melodie und Struktur).*

## Ernährung

*Kräuter, Gräser, Pilze, Beeren, Nüsse, Insekten, Körner, Paleo („Steinzeitdiät"), Rohkost, Kartoffeln.*

# Erforschungsfragen für BEIGE

*Was braucht dein Körper, um zu überleben?*

*Welche Körperorgane kennst du und weißt du wofür sie gut sind?*

*Wie kannst du deinen Körper stärken?*

## Tipp:

Überlegt ein Kochrezept, das gut für den Körper ist, und kocht es gemeinsam!

## Co-Kreieren für BEIGE

# PURPUR

Solidarität

Tradition

Rituale

Zusammenhalt

Vertrauen

Loyalität zur Sippe

Feiern

Familie

Geborgenheit

Magie

Harmonie mit
Natur und Geistern

Zusammengehörigkeit

Abbildung 5 Das Lernumfeld der Ebene "Purpur"

18

**|Förderung der Ebene „Purpur"**

**Impulsfragen**

Mit den Impulsfragen könnt ihr überprüfen, wie gut diese Ebene bei den Kindern/Jugendlichen genährt ist, und ob sie einen gesunden, gut ausbalancierten Ausdruck findet.

*Hast du Geschwister, wie viele? Bist du der/die Jüngste, Älteste, Mittlere? Was unternimmst du mit ihnen? Teilt ihr gemeinsame Interessen, welche? Hast du noch Großeltern? Bist du viel mit ihnen zusammen? Unternimmst du was mit ihnen, wenn ja, was? Gibt es Feste, die ihr mit der Familie und der Verwandtschaft feiert (Cousins und Cousinen, Tanten, Onkel...)? Welche sind deine Lieblingsfeste? Gibt es etwas, was du immer machst, bevor du ins Bett gehst, oder wenn du aufstehst? Hast du einen oder mehrere Lieblingsgegenstände (Steine, Plüschtiere...)? Was ist dein Lieblingsmärchen? Liest du es lieber selbst, oder magst du es, wenn es dir jemand vorliest? Wo kommst du her, wo bist du geboren, wo möchtest du am liebsten leben? Wo fühlst du dich zu Hause?*

**Übungen/Spiele/Aktionen**

Diese Auswahl an Übungen und Spielen dient der Förderung des Potenzials in Purpur und adressiert die Bedürfnisse auf dieser Ebene.

*Stuhlkreise, Trommeln, Töpfern, Sammeln (Pilze, Kastanien, Äste, Sträucher, Steine), Tanz- und Liederkreise, Gruppen- und Klassenbezeichnungen, gemeinsame Ausflüge, Lagerfeuer, Initiationsrituale (Vater-Sohn Aktionen). Wunschbaum (Wünsche aufschreiben und an den Baum hängen), heimische Tänze, Folklore, Vertrauensspiele (rückwärts umfallen und sich von einem Mitschüler auffangen lassen). Zaubern, Zaubertricks.*

**Struktur in der Organisation zur Verankerung von Purpur**

*Rituale im Alltag wie: Reihenfolge der morgendlichen und abendlichen Tätigkeiten (Zähne putzen, Frühstück, Anziehen, Verabschiedung, Geschichte lesen, beten...). Gemeinsame Essenszeiten, Jahreszeiten- Feste, Geburtstagsfeiern, kirchliche Feste wie Ostern, Weihnachten, Pfingsten, Kommunion, Taufe, Konfirmation. Fasching, Halloween. Gruppen- und Klassenbezeichnungen.*

**Musik**

*Trommeln, archaische Melodien und Gesang, Folklore aus allen Ländern, Blues, Country, Ragtime.*

**Ernährung**

*Vollkorngetreide, Getreidebrei, Obst, Gemüse, Fisch, Regionalgerichte, naturbelassen.*

*Wenn du Angst hast, was gibt dir Sicherheit und Geborgenheit?*

*Wozu ist eine Familie gut?*

*Wenn du Zauberer oder Magierin wärest, was würdest du zaubern, warum?*

**Tipp:**

Kreiert ein Tanzritual, um etwas Besonderes zu feiern!

Malt zusammen euer Traumland!

Welche Spielideen hast
du? Hier ist Platz für
sie...

# ROT

Abenteuer

Eigenes Revier

Persönliche Macht

Respekt

Freiraum

Impulsivität

Egozentrisch

Kreativität

Moral und Schuldgefühle
nicht vorhanden

Spaß

Sich zeigen,
sich behaupten

# Das Lernumfeld der Ebene „ROT"

Schwerpunkt der individuellen Entwicklung: 3 bis 16 Jahre
Kollektiv: vor 7000 Jahren, Feudalherrschaft

| Denken | Lernmotivation | Lernsystem | Lehrsystem basiert auf |
|---|---|---|---|
| **Egozentrisch** | • Überleben als Individuum (auch psychologisch)<br>• Respekt und Macht erlangen<br>• Sich zu zeigen<br>• Sich auszudrücken | • Operative Konditionierung - sofortige Belohnung oder Bestrafung<br>• Praxisorientiert, handwerklich<br>• Wagnis, Abenteuer<br>• Körpereinsatz | • Respekt<br>• Erlebnispädagogik, Körper miteinbeziehen, konkrete Aufgaben<br>• Starkem Lehrer, der Präsenz zeigt<br>• Härte |

Adäquate psychopädagogische Ansätze: Erlebnispädagogik, Kinästhetik, konfrontative und provokative Pädagogik , Kreativitätsschulen, Sportangebote, darstellende Kunst

Der Pädagoge ist die charismatische Respektperson

Abbildung 6 Das Lernumfeld der Ebene "Rot"

|Förderung der Ebene „Rot"

**Impulsfragen**

Mit den Impulsfragen könnt ihr überprüfen, wie gut diese Ebene bei den Kindern/Jugendlichen genährt ist, und ob sie einen gesunden, gut ausbalancierten Ausdruck findet.

*Kannst du dich an eine Situation erinnern, in der du mutig warst? Und was hast du da gemacht? Was macht dich stolz? Was findest du toll an dir? Was magst du weniger oder gar nicht? Erlebst du gerne Abenteuer, welche Art von Abenteuer? Fühlst du dich manchmal schwach oder unterlegen? Wenn ja, in welcher Situation? Wann fühlst du dich verletzt? Wärest du gerne ein Held, eine Heldin? Traust du dich zu zeigen, wie toll du bist? Was brauchst du dazu? Fühlst du dich respektiert? Wen respektierst du und warum? Kannst du dich und deinen Willen durchsetzen? Fühlst du dich manchmal mächtig? In welchen Situationen?*

**Übungen/Spiele/Aktionen**

Diese Auswahl an Übungen und Spielen dient der Förderung des Potenzials in Rot und adressiert die Bedürfnisse auf dieser Ebene.

*In der Mitte des Kreises stehen und sagen: „Ich bin toll, weil...„! Hauptrolle in einem Theaterstück, Musical, Redner bei einem Vortrag. Sich als Superhero verkleiden. Kampfsportarten. Breakdance, Rap. Wichtige individuelle Aufgaben übertragen bekommen (Gruppensprecher, Klassensprecher, Schulsprecher). Raufen, Kämpfen. Eroberungsspiele. Abenteuergeschichten. Rolle des Räubers im Spiel „Räuber und Gendarm". Geschichten lesen bzw. vorlesen, wie: Heldensagen, Comic-Bücher, Max und Moritz, Pipi Langstrumpf, Fünf Freunde. Schere, Stein und Papier. Fußballspiel, Videospiele mit Heldenfiguren.*

**Struktur in der Organisation zur Verankerung von Rot**

*Räumlichkeiten gestaltet für Experimente. Kreativ- und Bastelräume, Bühne, Heldenverkleidung. Individuelle Namensschilder, individuelle Plätze (Garderobe, Sitzplatz). Präsentation „Held des Monats" mit Foto. Bewegungsräume.*

**Musik**

*Hardrock, Rap, Heavy Metal, Punk, Gothic Punk, Hip Hop, Funk.*

**Ernährung**

*Fleisch, Wild, rohe Lebensmittel, Fast Food, Junk Food, scharfgewürzt, Nahrungsergänzungsmittel zur Kraftsteigerung.*

**Erforschungsfragen für ROT**

*Wann hattest du mal große Angst und warst sehr mutig? Was hast du getan?*

*Welche Heldin, welcher Held wärest du gerne?*

*Warum ist es wichtig, stolz auf sich zu sein?*


***Tipp:***

Stell dich auf eine Erhöhung wie z.B. Stuhl, Kasten und  lasse die Gruppe klatschen und dir zujubeln.

**Ko-kreieren für ROT**

# BLAU

Sorgfalt

Verlässlichkeit

Sinn

Moral

Sicherheit

Ordnung

Pflichterfüllung

Gerechtigkeit

Perfektionismus

Verantwortungsbewusstsein

Stabilität

Abbildung 7 Das Lernumfeld der Ebene "Blau"

|Förderung der Ebene „Blau"

**Impulsfragen**

Mit den Impulsfragen könnt ihr überprüfen, wie gut diese Ebene bei den Kindern/Jugendlichen genährt ist, und ob sie einen gesunden, gut ausbalancierten Ausdruck findet.

*Welche Regeln kennst du in der Familie, in der Schule, im Hort und im Sport? Sind Regeln wichtig? Wofür brauchen wir sie? Was würde passieren, wenn es keine Regeln gäbe? Was passiert, wenn du dich nicht an eine Regel hältst? Ist es OK, Fehler zu machen? Bist du ordentlich? Nimmst du Rücksicht auf andere? Übernimmst du gerne Verantwortung, wenn ja, wo? Erledigst du die dir aufgetragenen Pflichten gewissenhaft? Wann fühlst du dich sicher? Ist Gerechtigkeit für dich wichtig? Macht das Lernen Sinn?*

**Übungen/Spiele/Aktionen**

Diese Auswahl an Übungen und Spielen dient der Förderung des Potenzials in Blau und adressiert die Bedürfnisse auf dieser Ebene.

*Gesellschaftsspiele (Mensch ärgere dich nicht), Benimmschule und Bücher mit erzieherischen und moralischen Aspekten, Regelspiele, Orientierungslauf, Schnitzeljagd, Lego und Bauklötze, Mikado, Umschreiben und Herausfinden von Begriffen, Rätseln, Kreuzworträtsel, Puzzle, Ballett, Standardtänze. Verkehrserziehung, Fahrradführerschein.*

**Struktur in der Organisation zur Verankerung von Blau**

*Geregelte Abläufe, klare Vorgaben, klare Verantwortlichkeiten und Ansprechpartner, kindgerechtes Mobiliar, übersichtliche Gestaltung, Schul/Hort-Regeln in schriftlicher Form, Dienstpläne, schriftliche Planung, Regeln, Bring- und Abholzeiten.*

**Musik**

*Klassische Musik (Barock, Renaissance, Romantik), Kirchenmusik, Gospels, Spirituals.*

**Ernährung**

*Nationalgerichte, gutbürgerliche Küche, traditionelle Speisen.*

**Erforschungsfragen für BLAU**

*Welche Regeln in der Schule, im Hort kennst du? Welche findest du gut, warum?*

*Was möchtest du gerne als Erwachsener in deinem Leben tun? Warum?*

*Was ist der Sinn von Schule?*

**Tipp:**

Schreibe mit deinen MitschülerInnen  Verbesserungsvorschläge für Schule und/oder Hort auf.
Tauscht euch darüber aus. Überlegt, welche davon umsetzbar sind.

Welche Spielideen hast
du? Hier ist Platz für
sie...

# ORANGE

Status

Erfolg

Autonomie

Flexibilität

Wettbewerb

Materielles
Wachstum

Selbstbestimmung

Innovation

Zielorientierung

Leistung

Teamfähigkeit

# Das Lernumfeld der Ebene „ORANGE"

Schwerpunkt der individuellen Entwicklung: ab 16 Jahre
Kollektiv: seit 500 Jahren, Demokratien

| Denken | Lernmotivation | Lernsystem | Lehrsystem basiert auf |
|---|---|---|---|
| **Vielseitig, pragmatisch** | • Autonomes Erforschen, experimentieren<br>• Optionen abwägen und den besten Weg zum Erfolg finden<br>• Materielle Anerkennung, Status<br>• „Der Gewinner" zu sein<br>• Erfolgreiche Vorbilder | • Erfolg bringt erwartete Belohnung<br>• Bereit zu persönlichen Anstrengungen<br>• Versuch und Irrtum<br>• Wettbewerb<br>• Ziel- und Ergebnis- orientierung | • Experimentieren<br>• Autonomie fördern<br>• Zielvereinbarung und Leistungsmessung<br>• Herausfordern<br>• Flexibilität<br>• Alternativen anbieten<br>• Wissenschaftlichen Bezug herstellen |

Adäquate psychopädagogische Ansätze: appreciative inquiry [3], Experimentieren, leistungsbezogene Pädagogik, Eliteschulen, Wettbewerbs- und Erfolgsorientiert, Evaluation

**Der Pädagoge ist der motivierende Experte und Mentor**

Abbildung 8 Das Lernumfeld der Ebene "Orange"

|**Förderung der Ebene „Orange"**

**Impulsfragen**

Mit den Impulsfragen könnt ihr überprüfen, wie gut diese Ebene bei den Kindern/Jugendlichen genährt ist,  und ob sie einen gesunden, gut ausbalancierten Ausdruck findet.

*Misst du dich gerne mit anderen? Kannst du verlieren? Setzt du dir gerne Ziele? Welche? Was tust du, um deine Ziele zu erreichen? Würdest du dich anstrengen, um deine Ziele zu erreichen?*
*Wie reagierst du, wenn dir etwas nicht gelingt? Lernst du besser alleine oder in einem Team? Findest du gerne Dinge heraus? Bist du experimentierfreudig, probierst du gerne selber aus? Möchtest du der Beste sein? Was bedeutet für dich Erfolg? Findest du Noten wichtig? Wie wäre es für dich, wenn es keine Noten gäbe? Ist Geld für dich wichtig? Was würdest du dir damit kaufen?*

**Übungen/Spiele/Aktionen**

Diese Auswahl an Übungen und Spielen dient der Förderung des Potenzials in Orange und adressiert die Bedürfnisse auf dieser Ebene.

*Wettkämpfe, Wettspiele (Monopoly), Mannschaftsspiele, Computerspiele, Strategiespiele, Stadt.Land.Fluss,  Bundesjugendspiele, Leistungssport, Kinderolympiade, Bücher mit strategischer Ausrichtung (Emil und die Detektive). Den anderen erzählen, was ich besonders gut kann. Ziele mit dem Kind / dem Jugendlichen setzen und Strategien entwickeln. Teamarbeit mit Preisvergabe. Raum für Lernexperimente.*

**Struktur in der Organisation zur Verankerung von Orange**

*Raumgestaltung für Experimente, Denk- und Kreativräume, Co-working.*

**Musik**

*Pop, Disco, Rock, Twist, elektronische Musik, digital Hardcore,  House, Electropunk.*

**Ernährung**

*Fast Food, Ernährungsergänzungsmittel zur Leistungssteigerung, Nouvelle Cuisine, Tiefkühlkost, soll wissenschaftlichen Kriterien entsprechen, Computer Monitoring (Kalorien zählen, Nährstoffbilanz...), Energy Drinks, Kaffee.*

*Wo bist du erfolgreich? Nenne Beispiele*

*Wann bist du gerne für dich alleine, um nachzudenken oder was auszuprobieren?*

*Findest du Experimente gut, warum?*

**Tipp:**

Kreiert gemeinsam ein Wettbewerbsspiel mit Belohnungen.

**Ko-Kreieren für ORANGE**

# GRÜN

Harmonie

Mitgefühl

Konsens

Gleichheit

Vertrauen

Mitwirkung

Gemeinschaft

Bedürfnisorientierung

Ökologische und soziale Verantwortung

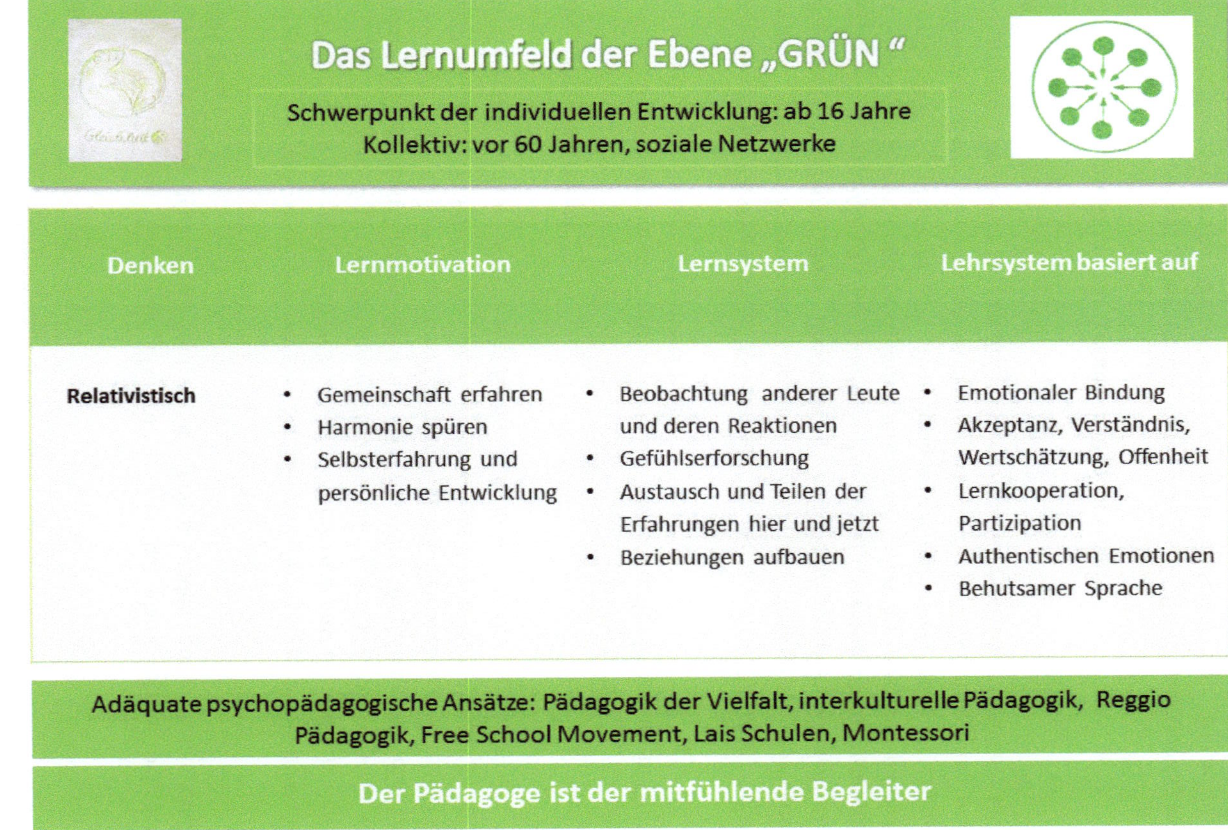


Abbildung 9 Das Lernumfeld der Ebene "Grün"

42

**|Förderung der Ebene „Grün"**

**Impulsfragen**

Mit den Impulsfragen könnt ihr überprüfen, wie gut diese Ebene bei den Kindern/Jugendlichen genährt ist, und ob sie einen gesunden, gut ausbalancierten Ausdruck findet.

*Kannst du dich in andere hineinversetzen? Setzt du dich für andere ein? Findest du, dass alle Menschen gleich sind? Welche anderen Kulturen kennst du und was weißt du darüber? Findest du die Unterschiedlichkeit bei Menschen gut? Was kannst du von anderen Menschen/Kulturen lernen? Wie ist deine Beziehung zu unserem Planeten Erde? Tust du etwas, um unseren Planet zu schützen und zu erhalten? Wie geht es dir in einem Konflikt? Wie gehst du mit Konflikten um und wie löst du sie? Welche Gefühle kennst du? Welche sind für dich angenehm, welche unangenehm?*

**Übungen/Spiele/Aktionen**

Diese Auswahl an Übungen und Spielen dient der Förderung des Potenzials in Grün und adressiert die Bedürfnisse auf dieser Ebene.

*Gruppengespräche, Feedbackrunde, Kinder- und Jugendlichenkonferenzen, „Zeit für uns", Gemeinschaftsprojekt, soziales Projekt, Naturgarten anlegen, Umweltaktionen. Patenschaften übernehmen, Hilfestellung unter Kindern in Gruppen- und Lernprozessen. Interkulturelle Themen (in verschiedenen Sprachen Lieder singen - wie feiern andere Kulturen ihre Feste - Gerichte aus verschiedenen Ländern kochen - Folkloretänze - Schüleraustausch mit einem anderen Land). Umweltthemen (Recycling, Ernährung, Nahrungskette, Schadstoffe, Alternativ- und Zukunftsprojekte, Stadtleben vs. Landleben). Gesellschaftsspiele ohne Gewinner und Verlierer.*

**Struktur in der Organisation zur Verankerung von Grün**

*Bereiche definieren, wo es sinnvoll sein kann, Kinder in Entscheidungsprozesse miteinzubeziehen. Liebevolle Gestaltung von Räumlichkeiten und Umgebung. Gemeinschaft stärken durch kreisförmige, rund gestaltete Flächen.*

**Musik**

*Soul, R&B, Psychedelic Rock, sphärische Klänge, Meditationsmusik, Naturmusik, politisch und sozial motivierte Musik.*

**Ernährung**

*Naturbelassen, vegetarisch, vegan, gesundheitsfördernd, Fair Trade.*

*Welche Gefühle kennst du?*

*Wozu sind Gefühle gut?*

*Was brauchst du, um über deine Gefühle  sprechen zu können?*

*Wie fühlst du dich als Mitglied einer Gemeinschaft? (z.B. Schule, Hort..)*

***Tipp:***

Es kann im Garten, im Wald oder auf einer Wiese sein. Setzt euch zusammen in einen Kreis. Legt einen Stab oder einen besonderen Stein, was auch immer ihr in der Natur findet, als Sprechstab oder Sprechstein in die Mitte des Kreises. Wer etwas über sich und seine Gefühle mitteilen möchte, nimmt den Stab oder Stein in die Hand und fängt an zu sprechen. Alle anderen hören aufmerksam zu, bis der Stab oder Stein von jemand anderem übernommen wird, der über sich etwas mitteilen möchte. Wenn alle, die etwas sagen möchten, gesprochen haben, wird der Stab/Stein wieder zurück in die Mitte des Kreises gelegt.

**Ko-Kreieren für GRÜN**

# GELB

Multi-
dimensionalität

Flexibilität

Funktionalität

Persönliche Freiheit
ohne Egozentrik

Integration

Erfreut sich an
der Komplexität

Systemischer
Fluss

Würdigung
aller Wertesysteme

Schafft Synergien aus den Unterschiedlichkeiten

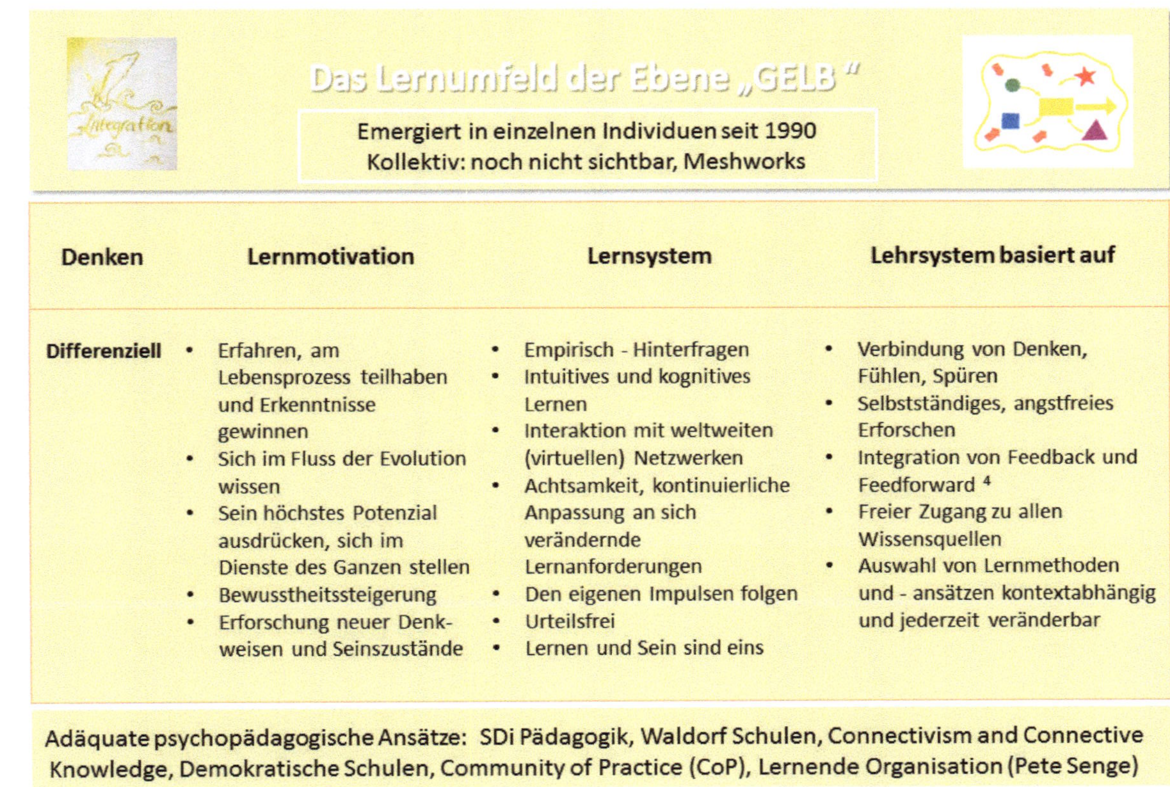


Abbildung 10 Das Lernumfeld der Ebene "Gelb"

48

**|Förderung der Ebene „Gelb"**

**Impulsfragen**

Mit den Impulsfragen könnt ihr überprüfen, wie gut diese Ebene bei den Kindern /Jugendlichen genährt ist, und ob sie einen gesunden, gut ausbalancierten Ausdruck findet.

*Lernst du gerne aus verschiedenen Quellen und aus der Vielfalt? Wie stellst du dir die Zukunft für uns Menschen und den Planeten Erde vor? Wie stellst du dir deine Zukunft vor? Was möchtest du dazu beitragen, dass sie gelingt? Wie stellst du dir die Schule der Zukunft vor? Wie gelingt Lernen mit Freude statt mit Angst? Wie gehst du mit sich schnell verändernden Situationen und Prozessen um? Vertraust du deinem Gefühl, deinen Empfindungen, auch wenn andere eine andere Meinung dazu haben? Erlaubst du dir, das für dich Richtige zu tun? Wie siehst du dich, wenn du alle deine Fähigkeiten entwickelst und lebst? Was hat das für eine Auswirkung auf die Welt?*

**Übungen/Spiele/Aktionen**

Diese Auswahl an Übungen und Spielen dient der Förderung des Potenzials in Gelb und adressiert die Bedürfnisse auf dieser Ebene.

*Alle Vorschläge, die von den Wertesystemen Beige bis Grün eingebracht wurden, werden miteinander flexibel und situativ verbunden als grundlegende pädagogische Konzeption.*
*Den Kindern Themen anbieten, die sie in Gruppen selbständig erforschen mittels Computer, Büchern, Interviews, Expertenbefragung, etc... Dabei wird an deren Neugierde und Interessen angeknüpft, um ein freudvolles und nachhaltiges Lernen zu fördern. Die Kinder entscheiden selbst, wer welche Rolle übernimmt, basierend auf den Kompetenzen, Fähigkeiten und Interessen. Das Prinzip ist Selbstorganisation und Selbstverantwortung. Erzieherinnen und Lehrer sind dabei Begleiter, Coaches und stehen den Kindern und Jugendlichen bei Rückfragen zur Verfügung.*

*Nachfolgend finden Sie eine Anleitung für ein Spielbeispiel, das die Bedürfnisse aller vMemes adressiert: Zusammengehörigkeit, sich zeigen, Struktur, Wettbewerb, Gemeinschaft.*

Ein Märchen in Open Space Format spielerisch erfinden.

Gemeinsam eine Geschichte erfinden, die alle Tiere, die in den Tierillustrationen abgebildet sind, miteinander verbindet.
Vorbereitung: Die einzelnen Tierbilder auf Blätter kopieren.
- Teams bilden
- Regeln des Open Space Format erklären
- In den jeweiligen Gruppen Ideen sammeln
- Jede Gruppe präsentiert ihre Ideen
- Aus den verschiedenen Ideen eine Geschichte gemeinsam kreieren.

**Struktur in der Organisation zur Verankerung von Gelb**

*Modulare Struktur. Alle Vorschläge, die von den Wertesystemen Beige bis Grün eingebracht wurden, werden miteinander flexibel und situativ verbunden.*
*Die architektonische Konzeption soll die Umgestaltung der Räumlichkeiten funktional, je nach Bedarf, ermöglichen.*

*Wenn die Schule, bzw. der Hort einen Ausflug plant, und jeder deiner Mitschüler und Mitschülerinnen eine andere Idee dazu hat, wie würdest du eine Lösung finden, die alle Interessen und Bedürfnisse berücksichtigt?*

***Tipp:***

Ordnet alle Wertewörter den jeweiligen Farben zu.

# TÜRKIS

Intuition

Holismus

Co-Kreation

Global citizen

Transpersonales
Bewusstsein

Diese Werteebene entsteht gerade in vereinzelter Form und ist noch nicht als kollektive Manifestation sichtbar. Erst bei deren weiteren Entwicklung wird das Türkis Bewusstsein neue Konzepte und Formen im Bereich Pädagogik hervorbringen.

| |
|---|
| Der globaldenkende Co-Kreator |
| Der kompetente Partner |
| Der mitfühlende Begleiter |
| Der motivierende  erfolgsorientierte Mentor |
| Die gerechte Autorität |
| Die charismatische Respektsperson |
| Die Vertrauensperson |
| Der Versorger |

*Abbildung 11 Übersicht der Rolle der pädagogischen Fachkräfte auf den Werteebenen*

„Ich habe meinen Kollegen in den Flüchtlingsklassen das Thema SDi mal vorgestellt. Sie waren erleichtert, dass sie keine Versager sind, wenn sie ihre grüne Pädagogik nicht durchhalten, sondern immer wieder Blau notwendig wird. Das hat viel Entspannung in ihre Einstellungen gebracht. SDi an der Schule ist sehr notwendig."

S.K, Lehrer

# AUSBLICK

## WAS BEDEUTET DIE EVOLUTIONÄRE ENTWICKLUNG FÜR PÄDAGOGEN?

Wenn wir das Thema Bildung durch die integrale Perspektive betrachten, ahnen wir, in welch umfassender Weise sich das Verständnis für Bildung verändern wird. Wollen wir der Unterschiedlichkeit der Lernbedürfnisse Rechnung tragen, werden wir differenziert und vielschichtig Bildungsangebote gestalten müssen. Dabei lädt uns eine werteorientierte Pädagogik dazu ein, unser volles kreatives Potenzial zu nutzen. Wir können alle uns zur Verfügung stehenden Ressourcen wirkungs- und freudvoll einsetzen. Voraussetzung für dieses kreative Schöpfen ist, dass alle diese Werteebenen in uns selbst ausgebildet und gesund sind und wir sie im Gleichgewicht halten.

Die Evolution bringt neue Wertesysteme hervor, die immer mehr Komplexität und Freiheit mit sich bringen. Dies bedeutet, den Lernbedürfnissen auf dieser neu auftauchenden Ebene der integralen und holistischen Systeme mehr Raum zu geben.

Um diesem Paradigmenwechsel im Kollektiven zu entsprechen, werden neue Strukturen und Organisationsformen in der pädagogischen Landschaft nötig sein. Die zentralisierte akademische Organisation der „Wissenshalter" und „Wahrheitsvertreter" könnte ersetzt bzw. ergänzt werden durch dezentralisierte, vielfältige Strukturen, die eine zeit- und ortsunabhängige Wissensvermittlung ermöglichen.

## WAS BEDEUTET DIE EVOLUTIONÄRE ENTWICKLUNG FÜR LERNENDE?

Wir sehen bei einem Teil der jetzigen Studentengeneration ein radikal neues Lernverständnis und damit einhergehend eine Veränderung im Lernverhalten, die durch die Möglichkeiten des Internets gestützt und gefördert wird.

Statt hierarchisch organisierter Wissensvermittlung wird das Selbstlernen zunehmen, bei dem der Lernende für sich die Freiheit in Anspruch nimmt, das zu lernen, was für ihn individuell aufgrund seiner persönlichen Entwicklung passend und bereichernd erscheint. Dies kann aber nur auf der Grundlage von Selbsterkenntnis und Eigenverantwortung geschehen. Damit wäre ein wichtiges Bildungsziel, diese Qualitäten schon im frühen Kindesalter auszubilden.

EINFLUSS DER TECHNOLOGIEN

Die rasante Entwicklung der neuen Technologien wird das Erscheinen eines neuen Lernverständnisses beschleunigen. Prototypen sind schon entwickelt, die in einem virtuellen 3D Lernraum der Erfahrung eines physischen face-to-face Lernens nahe kommen. Neue Anforderungen an die Kompetenzen der Lehrenden, insbesondere im Hochschulbereich, werden gestellt. Eine sorgfältige Überprüfung der Rolle als Inhalts- bzw. Wissensvermittler wird notwendig sein, da das Internet diese Funktion übernimmt, indem der freie Zugang zu Informationen und Wissen gewährleistet wird. Statt Dozentinnen und Dozenten, die den Inhalt aufbereiten und vermitteln, werden hier Lernmentoren gefragt sein, welche die Lernenden formlos begleiten und ihnen individuelle Impulse für Lernthemen und Supervision in der Wissensaneignung anbieten. Möglicherweise werden sich die Lehrenden zukünftig auf die Gestaltung von Lernräumen fokussieren, die dem Lernenden den Praxistransfer des Wissens sowie Erfahrungen und Erforschen mit peer groups ermöglichen. Zugleich lässt dieser Ausblick ahnen, dass die nötigen Kompetenzen der Lehrenden in Zukunft weit mehr umfassen müssen als den fachlichen Bereich und die kognitiven Fähigkeiten. Eine integrale Bildung der Pädagoginnen und Pädagogen erscheint mehr und mehr unabdingbar, sollen Inhalte in integraler Weise aufbereitet und vermittelt werden.

## SCHLUSSBEMERKUNG

Unübersehbar ist die Sehnsucht der am Lernumfeld Beteiligten nach einer Transformation der Bildung. Sowohl pädagogische Fachkräfte, Eltern wie Kinder und Jugendliche spüren, dass die Fokussierung auf eine konventionelle Vermittlungsform, die dem SDi Modell der blauen Ebene entspricht, nicht adäquat ist. Da die Strukturen, die diese Bildungsform aufrechterhalten, selbst in dem blauen Wertesystem verankert sind,  kann die für tiefgreifende Veränderung nötige Kraft dem eigenen System nicht entspringen. Wie Einstein sagte: „Probleme kann man niemals mit derselben Denkweise lösen, durch die sie entstanden sind. "
Diese Unfähigkeit der Selbsttransformation führt zu dem Erscheinen von vielen parallelen Bildungsformen, die meist auf private Initiativen zurückgehen. Ihnen gemeinsam ist das Streben, die verschiedenen Wertesysteme zu integrieren und die Vielfalt der Bedürfnisse  zu achten. Auch stehen im Fokus ihres Verständnisses die Freude am Lernen und die Potenzialentwicklung, die sich nicht nur in kognitiven Fähigkeiten wiederspiegelt. Diese Bildungsansätze entspringen dem Bewusstsein des grünen Wertesystems bzw. der Postmoderne.
Die Veränderung der Bildungslandschaft  durch immer mehr wertvolle Alternativen vollzieht sich auf dem ganzen Globus unaufhaltsam und im Bestreben, mit der

Evolution Schritt zu halten. Dieses Voranschreiten wird mit den etablierten staatlichen Bildungssystemen stattfinden - oder ohne sie.

Bei aller Achtsamkeit für die sich anbahnende Zukunft und deren Anforderungen sollten bestehende Strukturen nicht ohne genaue Betrachtung hinsichtlich ihrer Funktionalität verworfen werden. Weiterhin werden unsere Kinder alle Entwicklungsebenen durchschreiten, und die bisherigen Lern- und Lehrmethoden sind für deren Bedürfnisse angemessen, sofern wir sie in einem funktionalen Design integrieren. Den Bogen zwischen dem Alten, das sich bewährt hat, und dem sich abzeichnenden Neuen zu spannen, ist und bleibt eine spannende und herausfordernde Aufgabe für alle, die an der Gestaltung einer lebensbejahende Bildung mitwirken wollen.

# GLOSSAR

*MEME*

Meme oder engl. Memes, bezeichnet nach der Meme Theorie, ist ein einzelner Bewusstseinsinhalt bzw. eine psychosoziale Informationseinheit, zum Beispiel ein Gedanke, der durch Kommunikation weitergegeben und damit vervielfältigt werden kann. Dies trägt zur soziokulturellen Evolution bei. Die Summe unserer Memes bildet unsere psycho-sozio-kulturelle DNA.

*VMEME*

Die SDi vMemes (engl. Value Memes) sind anpassungsfähige Intelligenzen, die kulturelle „Programme", soziale Normen, Weltanschauungen, Glaubensstrukturen in den menschlichen Geist ausstrahlen. vMemes entfalten sich unter bestimmten Lebensbedingungen, um die Probleme und Herausforderungen auf den jeweiligen Existenzebenen bestmöglichst zu lösen. Sie bilden unsere psycho-sozio-kulturelle DNA. Die äquivalente Struktur in der Biologie sind die Gene. Als evolutionärer Code formt und beeinflusst ein vMeme unsere Weltanschauung, Denkweise und unser Verhalten in allen Bereichen des Lebens.

*CO-KREATION*

Der Begriff Co-Kreation entstand mit dem Emergieren der vMemes Gelb und Türkis und eröffnet eine weitere, neue Dimension in der Art des Zusammenarbeitens, -lernens und -lebens. Co-Kreation verkörpert evolutionäre Spiritualität. Als Co-Kreatoren verstehen wir uns nicht nur als Teil und Produkt des Schöpfungsprozesses, sondern wir selbst sind Ausdruck dieses evolutionären Prozesses und gestalten ihn bewusst mit. Wir entwickeln authentische Macht, eine essenzielle Kraft, die alles, was wir berühren, uns eingeschlossen, stärkt. So entsteht das Neue, in welchem wir mit unserer wahren Natur zum schöpferischen Prozess beitragen. Es schließt Vorhandenes mit ein, transzendiert in seinem Ergebnis aber all das, was zuvor von der Summe seiner Teile gedacht, gesagt und getan wurde. In diesen Prozess bringen wir unsere individuellen  Begabungen sowie unsere Einzigartigkeit und kreative Kraft in Synergie.  Wir stärken uns gegenseitig darin, unsere Talente  zum Wohl des Ganzen zu manifestieren.  Dabei integrieren wir kooperatives und kollaboratives Miteinander, es geht aber weit darüber hinaus.

*INTEGRAL*

Die Integrale Theorie ist – zusätzlich zu den Wertesystemen und der Veränderungsdynamik – der dritte Grundpfeiler von Spiral Dynamics integral. Mit SDi gehen wir davon aus, dass alle Aspekte unserer Lebens- und Arbeitswelt eine innere (subjektive Werte und Motivationen) und äußere (objektive und messbare Verhaltensweisen) Dimension haben, und sich zugleich individuell und kollektiv ausdrücken. Mit Blick auf die Wirklichkeit dieser vier Dimensionen ist es klar, dass Entwicklung ein umfassendes und kohärentes Ganzes ist. Die integrale Theorie gleicht damit einer Landkarte, auf der man sehen kann, wo eine Person oder eine Organisation in ihrer Entwicklung ‚steht', und was die nächsten Schritte sein können. Die Anwendung der integralen Theorie lehrt uns, dass Organisationsentwicklung zu allen Zeiten mit persönlicher und zwischenmenschlicher Entwicklung verbunden ist, und dass Wachstum und Veränderung von Menschen und Organisationen immer in Wechselwirkung mit der Umgebung erfolgt. Ein großer Vorteil der integralen Theorie ist es, dass sie klar, pragmatisch und leicht zu erklären ist.

*EVOLUTIONÄR*

Als „evolutionär" werden Menschen beschrieben, die die menschliche Evolution fördern und katalysieren, die sich für Lebensbedingungen auf dem Planeten verantwortlich fühlen, und ihre Aktionen in den Kontext der evolutionären Geschichte stellen. Sie sind leidenschaftliche Akteure im evolutionären Prozess. Den Evolutionären sind drei Charakteristika gemeinsam: sie sind transdisziplinäre Generalisten; sie sind sich der langen zeitlichen Spanne der Evolution bewusst; sie verkörpern einen tiefen Optimismus.

*EMERGIEREN*

Vom lateinischen emergere für „das Auftauchen", „das Herauskommen" oder „das Emporsteigen". Das Auftauchen von neuen und kohärenten Strukturen, Mustern und Eigenschaften während des Prozesses der Selbstorganisation in komplexen Systemen. Mehr Informationen:
https://socialarchitect.de/emergenz-und-design-gestaltungsalternativen-zu-eingreifen-und-kontrolle/

*OPEN SPACE*

Englisch für „offener Raum" ist eine Methode der Großgruppenmoderation. Charakteristisch ist die inhaltliche Offenheit: Die Teilnehmer gestalten zu verschiedenen Themen / Ideen Arbeitsgruppen. Die Ergebnisse werden am Schluss gesammelt.
Mehr Informationen zum Format: https://de.wikipedia.org/wiki/Open_Space

*MESHWORK*

Können wir als die Nachfolge-Generation des Netzwerkes bezeichnen. In einem Meshwork werden im System vorhandene Ressourcen in neuer und einzigartiger Weise gebündelt, aufeinander bezogen und in Synergie gebracht. Funktionen, Menschen und Ideen werden in einen neuen, natürlichen Fluss miteinander im Dienste eines gemeinsamen höheren Zieles gebracht. Den speziellen Qualitäten aller involvierten Interessenvertreter (stakeholders) wird besondere Aufmerksamkeit geschenkt. Diese Kräfte schaffen ein dynamisches „Geflecht", das fähig ist, sich schnell der Welt und deren Anforderungen anzupassen. Meshworks sind offene Systeme, bauen auf Win-win-win Strategien auf, wählen die langfristige Perspektive, erfassen fortwährend das Ganze während sie sich mit den einzelnen Teilen beschäftigen, und betonen natürliche Lösungen.

*APPRECIATIVE INQUIRY*

Dies ist ein werteorientierter Ansatz aus der Team- und Organisationsentwicklung, der eine wertschätzende und affirmative Grundhaltung in Teams, Organisationen oder Gemeinwesen fördert, in der die wertschätzende Befragung (oder Erkundung) ein zentrales Element bildet. Es wurde in den 1980er Jahren von David Cooperrider von der Case Western Reserve University in den USA entwickelt (Quelle: Wikipedia).

*FEEDFORWARD*

Bezeichnet das Berücksichtigen von Informationen, die künftig wirkungsvoll sein könnten bzw. das Erahnen und Vorhersagen zukünftiger Entwicklungen.

# WEITERFÜHRENDE INFORMATIONEN & VERWENDETE QUELLEN

## SPIRAL DYNAMICS INTEGRAL – GRUNDLAGEN ZUR THEORIE

*Spiral Dynamics. Leadership, Werte und Wandel,* Don E. Beck und Christopher Cowan. 2007

*The never ending Quest. Clare W. Graves explores human nature.* Edited by Christopher Cowan & Natasha Todorovic. 2005

*Designing Thriving Ecosystems for the Future with Social Architecture,* Claudine Villemot-Kienzle. In World Future Review. 1–9. 2015

*www.spiraldynamics-integral.de*
Homepage der Spiral Dynamics integral Group und die deutschsprachige Plattform für Informationen rund um Spiral Dynamics integral.

## SPIRAL DYNAMICS INTEGRAL – ANWENDUNGEN

*Emerging Worldviews and Systems Change.* Bd 1: Innovative Development – Bd 2: Developmental Innovation. Tom Christensen (Editor). 2015

*Spiral Dynamics in der Praxis: Der Mastercode der Menschheit,* Don Edward Beck , Teddy Hebo Larsen , Sergey Solonin , Rica Cornelia Viljoen , Thomas Q. Johns. 2019

Anwendung in der Pädagogik

*How People Learn at Different Levels of Existence: A Radical Challenge for Educators*
Aus: Human Nature Prepares for a Momentous Leap by Clare W. Graves [From The Futurist, 1974, pp. 72-87. Edited with embedded comments by Edward Cornish, World Future Society.] Page 23 of 30
www.clarewgraves.com.articles_content.1974_Futurist.1974_Futurist.html

"Rumi's Garden - The Best Place For School Development? " Sieber, Armin. M.A.S. Vol 1. *Innovative Development: Emerging Worldviews and Systems Change* ". Hrsg: Tom Christensen. 2015

INNOVATIVE LERNKONZEPTE & EXPERIMENTELLE PÄDAGOGISCHE VERSUCHE

*Deutschland*
Evangelische Schule Berlin
Schulen der Zukunft
Schule im Aufbruch
IFZE (Institut für Zusammenarbeit im Erziehungsbereich)
Die Lernkultur Zeit Akademie

*Schweiz*
Integrale Tagesschule Winterthur – Eine Schule fürs Leben
In dieser Schule wird der Ansatz Spiral Dynamics integral explizit angewandt

*Österreich*
Natürliches Lernen in der Lais Schule

*Nordamerika*
The Ron Clark Academy
European Democratic Education Community

*Indien*
Kids can teach themselves - Indian education scientist Sugata Mitra tackles one of the greatest problems of education - the best teachers and schools don't exist where they're needed most. In a series of real-life experiments from New Delhi to South Africa to Italy, he gave kids self-supervised access to the web and saw results that could revolutionize how we think about teaching.

*Bali*
Green School
www.greenschool.org

Dokumentarfilme

*Part Time Kings*. Regisseure: Elke von Linde, Georg Michael Fischer

*Alphabet*. Erwin Wagenhofers
Der Dokumentarfilm analysiert, wie aus kleinen Genies mit Neugier, Kreativität und
Talent angstgesteuerte Vermeidungs-Expertinnen werden.

*Augenhöhe macht Schule*
Der Film widmet sich der Potenzialentfaltung in der Schule.

# ÜBER DIE AUTORINNEN

## CLAUDINE VILLEMOT-KIENZLE

Social Architect, Autorin, Beraterin für Transkulturalität und Wertesysteme. Sie war 15 Jahre als Bildungsreferentin und Trainerin bei der BMW AG tätig. 2006 wurde sie von Dr. Don Beck autorisierte Lehrbeauftragte für SDi und vermittelt das Modell in offenen Seminaren und organisationsinternen Workshops. Sie co-gründete das *Center for Human Emergence* für den deutschsprachigen Raum, ein Synergiezentrum für gesellschaftliche Entwicklung und Zukunftsgestaltung, das in einem integralen und holistischen Ansatz gründet. Um den sozialen und ökologischen Wandel zu begleiten, hat sie das innovative „Social Architect Curriculum" initiiert und mitentwickelt. Teilnehmende erwerben evolutionäre Kernkompetenzen, um die Komplexität und Vielfalt unserer globalen Herausforderungen im 21. Jahrhundert effizient und weise anzugehen.
www.socialarchitect.de

## DARSHANA DRIES

Das Zentrum ihrer seit mittlerweile über 45 Jahren andauernden Tätigkeit bildet die Arbeit als pädagogische Fachkraft mit Schwerpunkt Beziehung und Begleitung. Frei nach dem Motto: *Knowledge is power* arbeitet sie kontinuierlich daran, dieses Zentrum durch private Weiterbildungen zu stärken.
Während ihrer 10-jährigen Mitarbeit in einer psychotherapeutischen Praxis in München, konnte sie sich auf die individuelle Potentialförderung für Kinder und Jugendliche und das Coaching für Eltern fokussieren. Um den Ansatz der Potentialförderung zu vertiefen, hat sie die SDi Ausbildung absolviert. Seitdem fördert sie die Umsetzung des ganzheitlichen Systems innerhalb der pädagogischen Praxis durch die Ausübung Co-Kreativen Handelns. Ihre Arbeit als Social Architect empfindet sie als konsequente Weiterentwicklung und bereichernden Lebensinhalt. Die Ausbildung als Pädagogische Fachkraft für Salutogenese & Resilienz, als Erziehungsmediatorin und die der Systemischen Pädagogik vervollständigen ihr Verständnis von pädagogischem Arbeiten und bieten nützliche Werkzeuge, um den Herausforderungen innerhalb der institutionellen Kinder- und Jugendarbeit zu begegnen.
Ihre selbstständige Tätigkeit als Beraterin und Coach für Jugendliche und Eltern sowie für pädagogische Fachkräfte und Teams macht es ihr möglich, ihre Erfahrungen und ihr Wissen zu potenzieren und für andere nutzbar zu machen. Dieses Bedürfnis drückt sich in der Co-Autorenschaft dieses Buches aus.

ROSALIE REIHER

Sie ist 13 Jahre alt, geht in München zur Schule und liebt es, in ihrer Freizeit zu malen.

Zuhause versorgt sie mit viel Leidenschaft 2 Wüstenspringmäuse und 4 Vögel. Sie hat die folgenden Tierbilder für dieses Buch entworfen und gemalt: Die Entwicklungstreppe, der Eisbär, die Erdmännchen, der Pfau, die Bienen, die Eule, die Mäuse, der Delphin, das Einhorn.

# FUSSNOTEN UND ABBILDUNGSVERZEICHNIS

[1] http:..www.bne-portal.de.weltaktionsprogramm

[2] http:..sustain.indiana.edu.education-research.docs.key-competencies-in-sustainability.pdf

# Quellen zu Abbildung 2

Musetress (Eigenes Werk) [CCBY-SA 3.0 (http://creativecommons.org/licenses/by-sa/3.0)], via Wikimedia Commons.
"Massai-003" by Willy Horsch—own work, scan from original. Licensed under CC BY 2.5 via Wikimedia Commons—
http://commons.wikimedia.org/wiki/File:Massai-003.jpg#/media/File:Massai-003.jpg.
„Jacques-Louis David 014" by Jacques-Louis David-The Yorck Project: 10.000 Meisterwerke der Malerei.DVD-ROM, 2002. ISBN
3936122202. Distributed by DIRECTMEDIA Publishing GmbH. Licensed under Public Domain via Wikimedia Commons—
http://commons.wikimedia.org/wiki/File:Jacques-Louis_David_014.jpg#/media/File:Jacques-Louis_David_014.jpg.
"2june 2007 422" von Utente: Jollyroger-Eigenes Werk.Lizenziert unter CC BY-SA 2.5 über Wikimedia Commons—
http://commons.wikimedia.org/wiki/File:2june_2007_422.jpg#/media/File:2june_2007_422.jpg.
https://pixabay.com/photos/skyscrapers-3850732_640/
„Rainbow Gathering Bosnia 2007" by Aljaz Zajc—Own work. Licensed under CC BY-SA 3.0 via Wikimedia Commons—
http://commons.wikimedia.org/wiki/File:Rainbow_Gathering_Bosnia_2007.JPG#/media/File:Rainbow_Gathering_Bosnia_2007.JPG.
"Moore3d-step3" by Robert Dickau—Self-made, using Mathematica 6 and much scratch paper. Licensed under CC BY-SA 3.0
via Wikimedia Commons—http://commons.wikimedia.org/wiki/File:Moore3d-step3.png#/media/File:Moore3d-step3.png.
"Bryan Brandenburg Big Bang Big Bagel Theory Howard Boom" by Bryan Brandenburg—BryanBrandenburg.net. Original Source.
Licensed under CC BY-SA 3.0 via Wikimedia Commons—
http://commons.wikimedia.org/wiki/File:Bryan_Brandenburg_Big_Bang_Big_Bagel_Theory_Howard_Boom.jpg#/media/File:Bryan_
Brandenburg_Big_Bang_Big_Bagel_Theory_Howard_Boom.jpg.


# Quelle zu Abbildung 3

Marco Cavelty

Printed by Books on Demand GmbH, Norderstedt / Germany